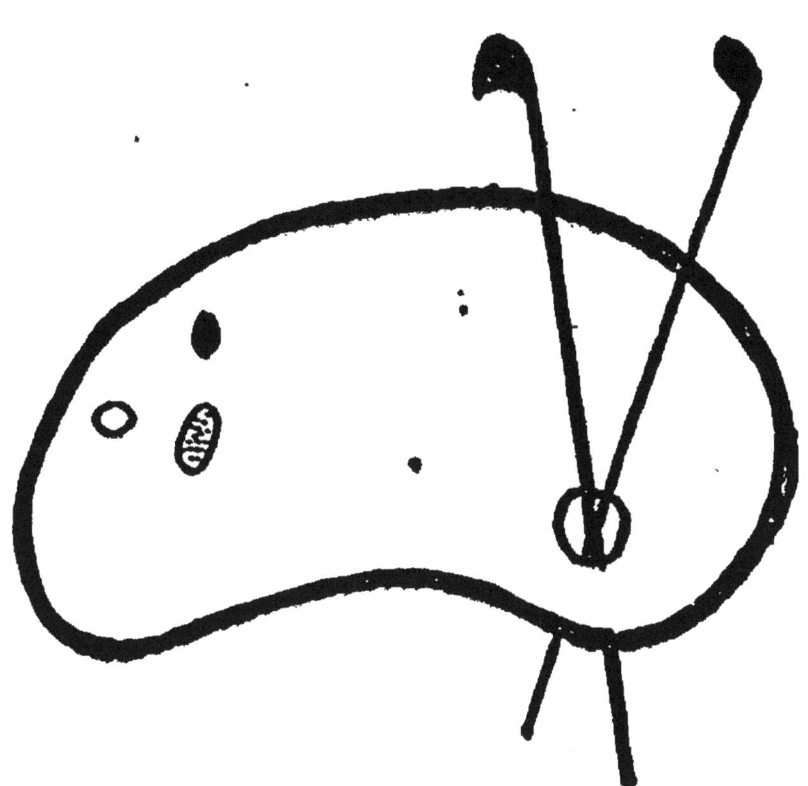

COUVERTURE SUPERIEURE ET INFERIEURE
EN COULEUR

TUNIS

ET

LA TUNISIE

PAR

UN INGÉNIEUR

QUI A VOYAGÉ ET HABITÉ DANS LE PAYS

PENDANT PLUS DE VINGT-CINQ ANNÉES

PREMIÈRE PARTIE

Limites. — Description de Tunis et des principales villes de la frontière algérienne et de l'intérieur. — Orographie. — Hydrographie. — Routes, chemins de fer. — Gouvernement. — Administration. — Finances. — Armée. — Fortifications maritimes. — Fortifications des villes.

DEUXIÈME PARTIE

Population indigène. — Population européenne. — Composition du corps expéditionnaire.

PARIS

PAUL SCHMIDT, IMPRIMEUR-ÉDITEUR

5, RUE PERRONET, 5

1881

TUNIS

ET

LA TUNISIE

PREMIÈRE PARTIE

LIMITES

Au nord, la Tunisie est limitée par la Méditerranée; à l'ouest, elle est séparée de l'Algérie par une ligne sinueuse partant du cap Roux et se prolongeant jusqu'au Sahara par une série de montagnes aussi difficiles à franchir que les vallées en sont fertiles. Les principales sont : au nord, les Djebel-Khroumirs, Djebel-Addeda, Djebel-Rivel, Djebel-Dinnar, Djebel-Tagma; à peu près au centre, les Djebel-Ghorra, Djebel-Dyr, Djebel-Oust et le Djebel-Hiroug; au sud, les Djebel-el-Maallegua, Djebel-Ross-el-Guelb, Djebel-Arigm-el-Farchem, Djebel-Amar-el-Ouergra, Djebel-Echbele, Djebel-Bdidiba et le Djebel-el-Mezira; à l'est, ses limites sont les nombreuses découpures formées par son littoral sur la Méditerranée; au sud, elle est séparée de la régence de Tripoli par les Chott-el-Djerid, Chott-el-Fedjedj, le Djebel-Tebaga et la Sebka-el-Mellaha, dernier port tunisien dans la Méditerranée.

TUNIS

Tunis, capitale de la Tunisie, est située au fond du vaste golfe compris entre le cap Sidi-Ali-el-Mekki et le cap Bon. La longueur de ce golfe est d'environ 60 kilomètres.

Pour faciliter la description de la capitale de la régence, supposons un navire venant de Bône. Ce navire, après avoir doublé le cap Sidi-Ali-el-Mekki, laissera à sa droite Porto-Farina, l'embouchure du fleuve Medjerda sur les rives duquel autrefois s'élevait la fameuse Utique, il dépassera un dernier cap, le cap Hamart, et arrivera en face du port de la Goulette.

La Goulette (en arabe Ack-el-Oued), charmante petite ville de 8,000 âmes est le port et la défense de Tunis. Elle est située à l'entrée du canal dont les eaux (le lac El-Behira) mettent en communication la capitale avec la mer. A droite de la Goulette, le voyageur remarque sur une hauteur le grand bourg de Sidi-Bou-Saïd, au milieu duquel se trouve le tombeau de Sidi-Bou-Saïd, grand saint vénéré par les Arabes. Enfin, la chapelle élevé à la mémoire de saint Louis; cette chapelle est la propriété de la France. Quelques missionnaires français veillent à son entretien.

A cause du peu de profondeur des eaux dans la rade de la Goulette, les navires de fort tonnage s'arrêtent à une distance d'environ 5 kilomètres. Dès que la douane a terminé sa visite, le voyageur descend dans l'une des nombreuses barques que viennent offrir des Arabes, des Maltais et des Italiens. Bientôt, la barque s'engage dans un étroit canal sur les bords duquel sont élevées les fortifications, les seules sérieuses de la régence. Elles font le tour de la ville et, dans un désordre inexprimable, on aperçoit derrière de larges embrasures des pièces de tous calibres négligemment élevées sur leurs châssis. Pièces de côtes, pièces de sièges, pièces de campagne; tout est pêle-mêle. Ce désordre témoigne de celui qui règne dans toutes les branches de l'administration tunisienne. De chaque côté de l'entrée du canal, ce qui frappe l'arrivant, c'est de voir un factionnaire, son fusil à terre, assis sur la crosse d'une pièce ou sur un madrier, en train de tricoter ou de dormir. Ces malheureux ont l'aspect le plus misérable. Leur coiffure est une mauvaise chachia rouge, une veste noire et un pantalon rouge, dont les trous ne sont pas à compter, complètent le costume. Le ceinturon est le plus souvent un morceau de corde à laquelle est suspendu un sabre (de modèle ancien, français ou anglais), complète-ment rouillé. De chaussures, point.

Le voyageur, après avoir passé une heure en barque, descend sur le quai, en face des bureaux de la marine. Cette construction est immense, à arcades et entourée d'une grille dorée du plus bel effet. A la suite de cet édi-fice, se développe un large boulevard parallèle à la mer, de chaque côté duquel existent de belles maisons de style mauresque, dont les rez-de-chaussée sont occupés par des marchands maltais et italiens, la plupart marchands de boissons et hôteliers. A droite du boulevard, perpendicu-lairement à la mer se trouve la gare. Cette gare, d'un aspect grandiose, est la tête de ligne de la voie ferrée qui suit le lac sur une longueur de 38 kilomètres et conduit à Tunis. Sa construction est due à une compagnie anglaise qui, dernièrement, l'a concédée à une compagnie italienne. Contre une piastre (60 centimes de notre monnaie), on est admis à prendre place dans le train. Le voyage est des plus intéressants. A gauche de la voie, se développe sur une surface de 38,000 mètres le lac El-Béïrah, au fond de ce lac, dont les eaux sont peu profondes, sont ensevelis les murs de l'antique Carthage; à droite, une interminable suite de jardins charme les regards.

Le train s'arrête, il est en gare de Tunis; admirons, immédiatement en face, le consulat de France, admirable construction rectangulaire d'un aspect monumental. Au centre, une grande et belle cour; l'aile droite et l'aile gauche sont réservées aux bureaux; au centre, un magnifique perron conduit à l'escalier d'honneur, qui donne accès au salon officiel et, ensuite, aux appartéments du représentant de la France. C'est l'un des plus beaux monuments de style moderne qui existe dans la ville, à la fois si industrieuse et si corrompue, qui s'élève sur les ruines de l'ancienne rivale de Rome.

Entrons dans la ville par la grande porte Sidi-Mordjiani, au-dessus de laquelle se montrent quelques vieux canons, dominant le chemin qui conduit au lac. Immédiatement après la porte, se trouve la place principale de Tunis, du même nom que la porte. Elle n'a rien de remarquable. A droite, un grand corps de garde, devant lequel sont assis les hommes de service occupés, ainsi que leurs officiers, à vendre des pastèques ou des melons. Entre le corps de garde et le consulat d'Angleterre, se trouve le café Alfred, tenu par un Français. A gauche de la place jusqu'au fond, le terrain est occupé par un grand bâtiment appelé la Bourse, ainsi nommé parce qu'il sert de lieu de réunion à tous les négociants européens. Du fond de cette place, on pénètre dans l'intérieur de la ville par deux rues : celle de gauche, la rue Sidi-Mordjiani, conduit à Dar-el-Bey (palais du bey); celle de droite, qui lui est parallèle, aboutit après mille détours à la plus belle porte, la porte Mohamedia, dont les murs, sur une étendue de 400 mètres, datent des Carthaginois. Dans une rue à l'ouest de la place Sidi-Mordjiani, on remarque les deux principaux hôtels de Tunis, dont les propriétaires sont français. Le premier ('hôtel de Paris) est tenu par M. Bertrand, le second par M. Philippe. En face l'hôtel de Paris, on voit une belle construction : le consulat d'Autriche ; après, le bureau de la Compagnie transatlantique, et enfin le Service des postes et télégraphes, desservis par des fonctionnaires français, mis par notre gouvernement à la disposition du bey.

Les parties nord, est et ouest de la ville peuvent s'appeler la ville européenne. Le centre et le sud sont exclusivement habités par les musulmans et les juifs.

Maintenant que nous connaissons ce qui constitue à peu près le quartier européen, en enfilant la rue Sidi-Mordjiani visitons l'intérieur (tout à fait oriental) de cette capitale, dont le territoire fut tour à tour la proie des Romains, des Vandales, des Grecs, des Arabes et enfin des Turcs.

Presque au milieu de la rue et à sa gauche, une grande et belle porte, surmontée d'une croix, laisse deviner une église. C'est l'église catholique, la seule qui existe dans la ville. Ancienne mosquée turque, l'intérieur est admirable en tableaux et en ornements sacrés. Elle est desservie par des moines italiens et maltais, dont le chef est un évêque *in partibus*, de nationalité italienne. A une centaine de mètres de l'église, commence le bazar le plus important de la régence. On y rencontre tous les types qui composent la population indigène de la ville. Aussi la description de ce bazar suffira pour faire connaître intimement les principales industries et les usages commerciaux des musulmans et des juifs.

Ici, une longue file de boutiques laisse voir dans l'intérieur de nombreux ouvriers arabes, assis sur leurs jambes croisées et penchés sur une pièce de bois conique, sur laquelle est fixé un morceau d'étoffe de laine rouge, destiné à devenir une chachia. Là, ce sont les armuriers qui, avec un outillage des plus primitifs, fabriquent les longs fusils ornés par de petits losanges en argent, en nacre ou en corail, et qui font la joie et l'orgueil des acheteurs venus des plaines ou des montagnes. Çà et là, des boutiques de selliers, resplendissantes de larges pièces de cuirs couvertes de dessins en fils d'or et d'argent. On y voit des selles valant jusqu'à 8,000 piastres (6,000 francs). Enfin, des boutiques de parfumeurs, de tailleurs, de tisserands, de marchands d'étoffes, de cordonniers, de passementiers juifs. Cette foule bigarrée, ces étoffes variant du vert le plus sombre au rouge le plus éclatant, offrent aux regards charmés un tableau admirable, descriptible seulement par la peinture. Le café, un vrai café, dont le goût est exquis, vous est offert à une caroube (3 centimes), dans une belle petite tasse, d'une propreté et d'une élégance tout à fait dignes de nos plus grands établissements. Les Maures, race qui compose la noblesse et la bourgeoisie, se font un plaisir de recevoir un Européen et de lui offrir autant de tasses de café qu'il lui plaira d'en accepter. Suivons la rue : partout le mouvement, l'animation, les cohues qui appartiennent exclusivement aux villes orientales. Au fur et à mesure que nous approchons de Dar-el-Bey, les passants sont plus rares, car c'est le quartier où habitent d'abord le bey, ensuite les hauts fonctionnaires de l'armée.

Dar-el-Bey « le palais du bey » est une construction dont l'extérieur est médiocre, mais dont l'intérieur réunit tout ce que l'architecture mauresque a de plus léger et de plus beau. L'entrée n'est pas interdite aux visiteurs. Après vous avoir conduit d'appartements en appartements, votre guide (un commandant ou un colonel), dans une tenue aussi crasseuse que débraillée, vous tend la main, non pour serrer la vôtre, mais pour recevoir la pièce de monnaie que votre générosité y laissera tomber.

Le reste de la ville (sauf la Casbah, décrite plus loin) n'offre rien de remarquable, et les personnes qui connaissent nos villes d'Algérie, notamment Constantine, chef-lieu de la province du même nom, peuvent aisément le concevoir.

La vie y est à bon marché, mais les salaires y sont insignifiants. Autant l'animation est grande dans la journée, autant le soir la ville ressemble à une nécropole. A huit heures, le clairon de service au poste de police sonne la retraite, et ce en imitant, par de nombreux couacs, notre extinction des feux. Aussitôt après, la ville devient entièrement déserte. Le soir, on est tenu de sortir avec une lanterne car les rues ne sont pas éclairées, et le pavage, ainsi que les monceaux d'ordures, contribuent à les rendre impraticables dans l'obscurité.

La population est d'environ 300,000 âmes, 200,000 Arabes, Kabyles, Maures et nègres, 50,000 Italiens, 20,000 Français, Anglais, Grecs, Espagnols, Belges, Danois, Hollandais, Russes, etc., 30,000 juifs indigènes. En temps ordinaire, la sécurité est complète, les crimes ne se commettent que d'Arabe à Arabe, mais plus souvent d'Européen à Européen. Il est presque inutile d'ajouter que les Italiens font une grande consommation de coups de couteaux. La justice du bey est nulle pour les Européens, excessivement rigoureuse pour les musulmans.

La plus grande dépravation règne dans toutes les classes de la société, et un vice ignoble, que nous ne citerons pas, est aussi bien en honneur dans les palais que dans les plus misérables gourbis. Les populations de toutes les villes de la régence sont profondément apathiques. Le courage et l'énergie semblent s'être réfugiés chez les habitants des montagnes, pour ne laisser dans les centres qu'une agglomération d'êtres lâches et corrompus. C'est un problème humanitaire que l'Europe saura résoudre : celui de placer ce peuple sous la tutelle d'une nation civilisée.

PRINCIPALES VILLES DE LA RÉGENCE

Les principales villes de la Tunisie sont : au nord, Bordj-Djeddid, Bou-Karouba, El-Hamam, Bizerte, Matera, El-Alia, Bou-Chalert, Foudouk, Ras-el-Djebel, Porto-Farina, Sidi-el-Roran et Bahr-el-Mélah ; à l'ouest, parallèlement à la frontière algérienne, Souk-el-Arba, Aïn-Cherchar, Béudi, Béja, Guardimahou, Sidi-Bou-Goussa, Sidi-Abdel-lah, Meridi, Nébéur, El-Kef, Sidi-Améur-ben-Zégrid, Mezara, El-Ab-el-Ali, Zouarin, Ebba, Médeïna, Aïn-Zetigua, Senam, Thala, Keriba, Hamada, El-Hameïna-Kasriri (*villes situées dans les montagnes et les plaines qui forment le pays des Khroumirs*) ; au centre, El-Maraba, Médjez-el-Bab, Testour, Tebousk, Sidi-Bou-Kamida, El-Bagar, Sbaïtla, Kasr-el-Alimar ; à l'est, dans les terres, El-Nakhrela, Soliman, Groumbelin, Zayhouan, Djougar, Nebhana, Kairouan, El-Djem et Azeh ; à l'est, sur le littoral, la Goulette, El-Haouria, Kelibia, Témina, Kourba, Nabel, Herklah, Sousa, Monastir, Teboulba, Ksour-er-Sef, Ksar-Temour et Sfax ; au sud, dans les terres, R'hafsa, Nefta, Tozeur, Seddada, Dbabcha, Negoua, Kbili, Mansourah, Bechili Tandjoud ; au sud, sur le littoral, Mahrès, El-Haouiña, Gabès, Tebaalba, Zerat, Ajini et Zaziss, dernier port tunisien sur la frontière de Tripoli.

ÎLES

Au nord, les îles de Tabarka, de la Galite, Fratelli et Djamous-el-Kébir; à l'est, en face le port de Monastir, l'île Kenriatein; au sud-est et dans le golfe de Gabès, l'île Kerkéna et, au sud, les îles Djerbal sur lesquelles s'élèvent les villes de Hount-Souk et Meninks.

OROGRAPHIE

Les principales montagnes sont : au nord, le Djebel-el-Hameria, Djebel-Laharje, Djebel-Aichouna, Djebel-Bou-Djered, Djebel-Ouled-Saïd, Djebel-Zouiline, Djebel-Dar-er-Renieul, Djebel-Remeul et le Djebel-Kchebala; à l'ouest, dans les monts Khroumirs, les Djebels-Khroumirs, Addéda, Dinar, Tagma, Adissa, Ghorra, Hiroug, El-Maallégua, Rass-el-Guelb, Harigm-el-Farchem, Echbeld et Djebel-el-Tarf; à l'est, les Djebel-Amar, Bou-Quournaïn, Recas et Gourgena; au centre, les Djebel-Tehent, Djebel-Moussar, Bauguerine, Korra, Zaghouan et Djebel-Bou-Rebah; au sud, les Djebel-Tarfaoui, Tebaya et El-Hamma.

HYDROGRAPHIE

Les principaux cours d'eau sont : l'Oued-Medjerda, l'Oued-Chiata, l'Oued-Beni-Amar, l'Oued-Meraira, l'Oued-Rehi, l'Oued-Serret et l'Oued-Zaghouan, dont une conduite, d'une construction parfaite et longue de 62 kilomètres, amène les eaux nécessaires à l'alimentation des fontaines de Tunis.

ROUTES

Les routes principales qui peuvent porter ce nom, ou à peu près, sont au nombre de trois. Toutes partent de Tunis. La plus au nord est la route qui conduit à Béja et se prolonge sur la frontière algérienne ; celle du centre conduit au Kef, et de là également sur notre territoire ; la troisième conduit à la ville deux fois sainte de Kérouan, la seconde capitale de la régence, dont l'entrée est interdite aux chrétiens et aux juifs. Les autres voies de communication ne méritent même pas le nom de chemins.

CHEMINS DE FER

1° La ligne italienne de la Goulette à Tunis, 38 kilomètres ; 2° la ligne française de Tunis à Constantine, exploitée de la capitale à Guardimahou, première station tunisienne après notre frontière ; le reste du réseau est en construction.

GOUVERNEMENT

En 1705, l'armée se révolta et appela au trône Hussein-ben-Ali, de qui descend le bey actuel. Mohamed-es-Sadok-Pacha, homme aussi corrompu qu'insigniflant, gouverne son pays à l'aide de l'arbitraire et du bon plaisir. De temps à autre il fait pendre ou chasse ses ministres, surtout lorsqu'ils sont riches. Seul, si Mustapha-ben-Ismaïl, le ministre actuel, ancien..... coiffeur de son maître, a su prendre un tel ascendant sur ce dernier, au point de lui faire croire que Dieu d'abord, et les Italiens

aidant, permettraient à ses sujets de continuer leurs incur-
sions sur notre territoire, les uns et les autres doivent
être, à l'heure qu'il est, édifiés sur la nature de ces ma-
caronesques promesses et sur la projection du fusil Gras.

ADMINISTRATION

Plus de généraux, de trésoriers-payeurs, de *comptables*,
que de contribuables et de soldats. Tous les bureaux sont
aux mains des juifs. Ces derniers, par leur argent et leur
intelligence, ont su s'emparer de toutes les hautes fonc-
tions financières et administratives ; par ces moyens, les
Arabes sont à leur discrétion. Les finances sont dans un
état déplorable. Il existe des prix d'honneur pour ceux
qui s'emplissent le mieux les poches.

ARMÉE

Il faut visiter la Casbah, immense citadelle placée au
centre de la ville et qui la domine, pour se rendre compte
de la bonne tenue et de la discipline des soldats. C'est
l'heure du rassemblement des hommes qui doivent relever
les postes. Le rappel est battu plusieurs fois. Personne ne
se montre dans la cour. Les officiers impatientés, montent
dans les chambres et échangent une série de coups de
poing avec leurs soldats. Enfin, ils finissent par faire sem-
blant de s'aligner. Le numérotage a lieu dans un désordre
indescriptible. Sur cent soldats, deux n'ont pas le même
sabre ; ajoutons qu'à côté d'un fantassin armé d'un sabre
de cavalerie se trouve un cavalier armé d'un briquet. Et
cependant, ces hommes quoique sales, des vêtements en
lambeaux, non payés ni nourris (à moins qu'une galette

et un quart d'huile s'appellent nourriture); ces hommes ont la meilleure opinion de la puissance du bey.

La Tunisie peut, sur le pied de guerre, réunir dans les mêmes conditions une armée de 8 à 10,000 malheureux obligés de piller pour vivre.

FORTIFICATIONS DES VILLES MARITIMES

A l'exception de la Goulette, les autres villes du littoral ne sont défendues que par quelques redoutes armées de vieux canons.

VILLES DE L'INTÉRIEUR

Les villes de l'intérieur, sauf Béja, Kairouan et Kef, sont défendues par des murailles en ruines que nos plus petites pièces de campagne suffiraient à démanteler complètement.

DEUXIÈME PARTIE

POPULATION INDIGÈNE

La population indigène de la régence s'élève à environ 2,500,000 âmes. Elle se divise en quatre races essentiellement distinctes. La première, la race maure, habite exclusivement les villes. La seconde, composée par les arabes nomades détient les plaines. La troisième, les Kabyles, habite les montagnes. La quatrième et dernière se compose des nègres descendants des anciens esclaves. Presque tous les nègres sont domestiques ou muletiers chez les riches.

Les Khroumirs ne sont autres que les Kabyles qui habitent le long système montagneux qui est parallèle à notre frontière." Aussi est-ce à cause de leur voisinage peu agréable que le conflit actuel a lieu.

POPULATION EUROPÉENNE

La majorité de la population européenne est formée par les Italiens. Elle ne dépasse pas, pour toute la régence, 300,000 âmes. Les patriotes italiens n'ont qu'à consulter les dossiers judiciaires de bon nombre de résidents à Tunis, pour connaître à quel degré l'*Italia irredente* doit revendiquer leurs prétendus droits.

LE CORPS EXPÉDITIONNAIRE

Pour mettre, une fois pour toutes, à la raison, les tribus tunisiennes, lesquelles viennent sans cesse piller et assassiner nos colons et nos Arabes, le gouvernement a dû prendre des mesures pour réprimer énergiquement les Khroumirs réfugiés dans les nombreux massifs montagneux qui bordent notre frontière.

Un corps expéditionnaire formant trois colonnes est placé sous le commandement en chef de M. le général Forgemol.

L'une de ces colonnes a pour objectif la ville de Kef. Cette ville est défendue par une kasbah, située au milieu de la ville. La population, excessivement fanatique, s'élève à peine à 2,000 âmes. Ses fortifications sont relativement sérieuses, mais ne résisteraient pas, toutefois, au feu de notre artillerie.

La seconde colonne a pour objectif la ville de Béja. Cette ville, située dans la vallée de la Medjerd, est le centre agricole le plus fertile de la régence. Sa population est d'un peu moins de 4,000 âmes, et à deux jours de distance de la capitale. Lorsque nos colonnes auront opéré leurs jonctions, les Khroumirs seront mis dans l'impossibilité de continuer leur attitude agressive.

Notre jeune armée se montre digne d'être comparée à celle qui conquit l'Algérie. Que ses succès soient tels; que tout ce qui est Tunisien tremble comme autrefois, au seul mot de France !

Paris. — Typographie Paul Schmidt, 5, rue Perronet.

www.ingramcontent.com/pod-product-compliance
Ingram Content Group UK Ltd.
Pitfield, Milton Keynes, MK11 3LW, UK
UKHW021050120726
13693UKWH00006B/2532